BLAZERS
Bilingüe/Bilingual

Las Fuerzas Armadas de EE.UU./
The U.S. Armed Forces

La Armada de EE.UU./

The U.S. Navy

por/by Matt Doeden

Consultora de Lectura/Reading Consultant:
Barbara J. Fox
Especialista en Lectura/Reading Specialist
Universidad del Estado de Carolina del Norte/
North Carolina State University

Capstone
press

Mankato, Minnesota

Blazers is published by Capstone Press,
151 Good Counsel Drive, P.O. Box 669, Mankato, Minnesota 56002.
www.capstonepress.com

Library of Congress Cataloging-in-Publication Data
Doeden, Matt.
    [U.S. Navy. Spanish & English.]
    La Armada de EE.UU./por by Matt Doeden = The U.S. Navy/by Matt Doeden.
    p. cm.—(Las Fuerzas Armadas de EE.UU. = The U.S. Armed Forces)
    Includes index.
    ISBN-13: 978-0-7368-7747-3 (hardcover : alk. paper)
    ISBN-10: 0-7368-7747-9 (hardcover : alk. paper)
    1. United States. Navy—Juvenile literature. I. Title.
VA58.4.D6418 2007
359.00973—dc22   2006027471

Summary: Describes the U.S. Navy in action, including their vehicles, weapons and equipment, and jobs—in both English and Spanish.

Editorial Credits
Carrie A. Braulick, editor; Juliette Peters, designer; Jo Miller, photo researcher;
    Eric Kudalis, product planning editor; Strictly Spanish, translation services;
    Saferock USA, LLC, production services

Photo Credits
Capstone Press/Gary Sundermeyer, cover (inset)
Corbis/Reuters NewMedia Inc., cover
DVIC/General Dynamics Corp., 13 (bottom); JOC Gregg L. Snaza, USN,
    16–17; PH1 William R. Goodwin, USN, 12; PH2 Bunge, USN, 28–29
Folio Inc./Fred J. Moroon, 8–9
Fotodynamics/Ted Carlson, 13 (top)
Getty Images Inc./Justin Sullivan, 7 (bottom); U.S. Navy/James Krogman, 19
U.S. Navy, 20 (bottom); PH1 David C. Lloyd, 27; PH1 James F. Slaughenhaupt,
    20 (top); PH1 Marthaellen L. Ball, 14; PH1 Michael Worner, 22; PH2
    Frederick McCahan, 11; PH2 Inez Lawson, 26; PH3 Jayme T. Pastoric,15;
    PH3 Philip A. McDaniel, 5, 25; PH3 Yesenia Rosas, 6; PHAN Andre
    Rhoden, 7 (top)

Capstone Press thanks Mark Wertheimer, historian and curator, Naval Historical Center, Washington, D.C., for his assistance in preparing this book.

1 2 3 4 5 6 12 11 10 09 08 07

Table of Contents

Tabla de contenidos

The U.S. Navy in Action

An F/A-18 Hornet sits on a Navy aircraft carrier. The plane's engines roar. A catapult holds the plane in place.

La Armada de EE.UU. en acción

Un jet F/A-18 Hornet va a bordo de un portaaviones de la Armada. Los motores del avión rugen. Una catapulta mantiene al avión en su lugar.

Catapult/Catapulta

A crew member signals that the catapult is ready. The catapult pulls the plane forward. The plane soars into the air.

Un miembro de la tripulación indica con una señal que la catapulta está lista. La catapulta jala el avión hacia adelante. El avión se eleva por los aires.

The pilot sees an enemy plane. He shoots a missile at the plane. The plane explodes. The aircraft carrier is safe.

El piloto ve un avión enemigo. Lanza un misil hacia el avión. El avión explota. El portaaviones está seguro.

BLAZER FACT

After the Revolutionary War (1775–1783), one of the Navy's main missions was to stop pirates.

DATO BLAZER

Después de la Guerra Revolucionaria (1775–1783), una de las principales misiones de la Armada era detener a los piratas.

Navy Vehicles

Navy members patrol the oceans. They use ships and aircraft.

Vehículos de la Armada

Los miembros de la Armada patrullan los océanos. Usan embarcaciones y aeronaves.

Cruiser/Crucero

Cruisers fight enemy ships. Aircraft take off and land on aircraft carriers. Submarines travel underwater. They attack other submarines or land targets.

Los cruceros combaten embarcaciones enemigas. Las aeronaves despegan y aterrizan sobre los portaaviones. Los submarinos viajan bajo el agua. Atacan a otros submarinos o a objetivos en tierra.

Aircraft carrier/Portaaviones

Submarine/Submarino

BLAZER FACT

Seawolf submarines are the fastest and quietest submarines in the world.

DATO BLAZER

Los submarinos Seawolf son los más rápidos y más silenciosos del mundo.

Seahawk/Seahawk

Navy aircraft fly off aircraft carriers to missions. F-14 Tomcat jets attack targets on the ground. Seahawk helicopters attack targets and lift cargo.

Las aeronaves de la Armada despegan desde portaaviones hacia sus misiones. Los jets F-14 Tomcat atacan objetivos en tierra. Los helicópteros Seahawk atacan objetivos y transportan cargas.

BLAZER FACT

A catapult can push an F-14 Tomcat to 170 miles (274 kilometers) per hour in less than two seconds.

DATO BLAZER

Una catapulta puede impulsar a un F-14 Tomcat a 170 millas (274 kilómetros) por hora en menos de dos segundos.

Aircraft Carrier Diagram/Diagrama de un portaaviones

Island/Isla

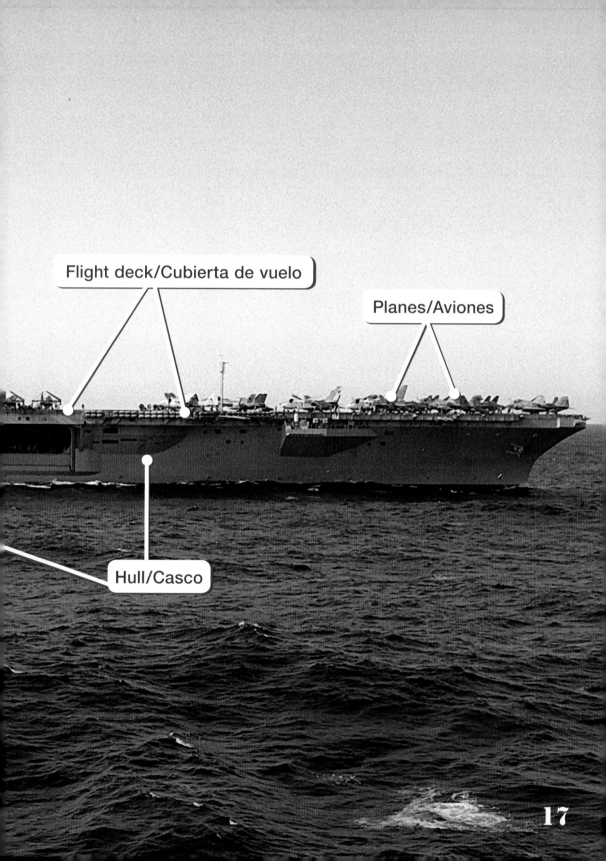

Flight deck/Cubierta de vuelo

Planes/Aviones

Hull/Casco

17

Weapons and Equipment

Navy weapons are powerful. Ship crews launch Tomahawk missiles to hit targets on land.

Armamento y equipo

Las armas de la Armada son potentes. Las tripulaciones de las embarcaciones lanzan misiles Tomahawk a objetivos en tierra.

Tomahawk/Tomahawk

Harpoon missile/Misil Harpoon

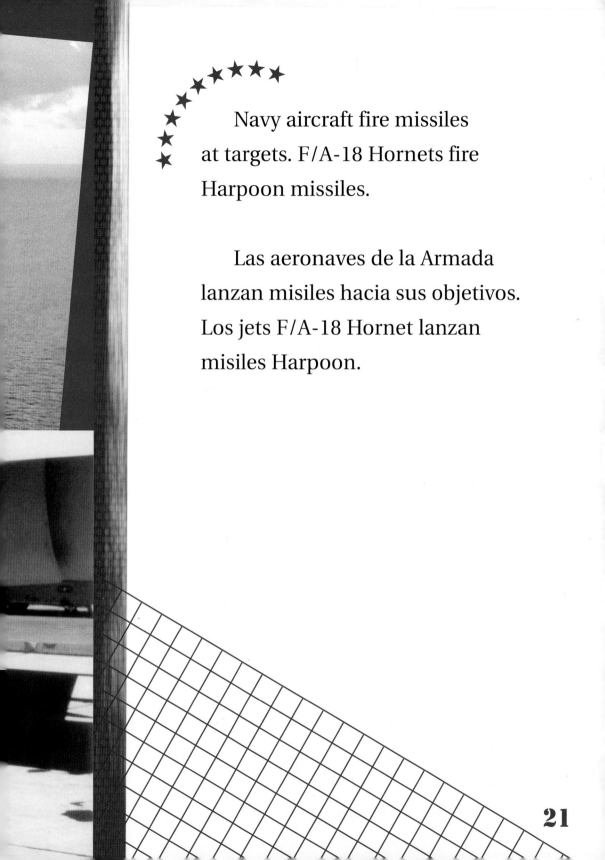

Navy aircraft fire missiles at targets. F/A-18 Hornets fire Harpoon missiles.

Las aeronaves de la Armada lanzan misiles hacia sus objetivos. Los jets F/A-18 Hornet lanzan misiles Harpoon.

Navy members use safety
equipment. Sailors are trained
to use life vests and lifeboats.

Los miembros de la Armada usan
equipo de seguridad. Los marineros
están entrenados para usar chalecos
y lanchas salvavidas.

Navy Jobs

Navy crews include ship captains and pilots. The Navy also has mechanics and cooks.

Empleos en la Armada

Las tripulaciones de la Armada incluyen a los capitanes de las embarcaciones y a los pilotos. La Armada también tiene mecánicos y cocineros.

Navy members are enlisted members or officers. Officers have a higher rank than enlisted members. All Navy crews help protect the United States.

Los miembros de la Armada son suboficiales u oficiales. Los oficiales tienen un rango más alto que los suboficiales. Todos los miembros de la Armada ayudan a proteger a Estados Unidos.

NAVY RANKS/
RANGOS DE LA ARMADA

★ ★ ★ ★ ★ ★ ★ ★ ★ ★ ★ ★ ★ ★ ★ ★ ★

ENLISTED/SUBOFICIALES
Seaman/Marinero
Petty Officer/Contramaestre

OFFICERS/OFICIALES
Ensign/Alférez
Lieutenant/Teniente
Commander/Comandante
Captain/Capitán
Admiral/Almirante

Navy ships travel to a mission/Embarcaciones de la Armada rumbo a una misión

★★★★★★★★★★★★★

29

Glossary

aircraft carrier—a warship with a large flat deck where aircraft take off and land

captain—the person in charge of a ship

catapult—a device that launches aircraft off a ship's flight deck

lifeboat—a small boat carried on a ship for use in an emergency

mechanic—a person who fixes machinery

rank—an official position or job level

submarine—a ship that can travel both on the surface and under the water

target—an object that is aimed at or shot at

Internet Sites

FactHound offers a safe, fun way to find Internet sites related to this book. All of the sites on FactHound have been researched by our staff.

Here's how:

1. Visit *www.facthound.com*
2. Choose your grade level.
3. Type in this book ID **0736877479** for age-appropriate sites. You may also browse subjects by clicking on letters, or by clicking on pictures and words.
4. Click on the **Fetch It** button.

FactHound will fetch the best sites for you!

Glosario

el capitán—la persona a cargo de una embarcación

la catapulta—un aparato que lanza aviones desde la cubierta de vuelo de un barco

la lancha salvavidas—una pequeña lancha que se lleva en un barco para usarse en una emergencia

el mecánico—una persona que arregla maquinaria

el objetivo—un objeto al que se le apunta o se le dispara

el portaaviones—un barco de guerra con una cubierta grande y plana donde despegan y aterrizan aviones

el rango—una posición oficial o nivel de empleo

el submarino—una embarcación que puede viajar en la superficie del agua o por debajo del agua

Sitios de Internet

FactHound proporciona una manera divertida y segura de encontrar sitios de Internet relacionados con este libro. Nuestro personal ha investigado todos los sitios de FactHound. Es posible que los sitios no estén en español.

Se hace así:

1. Visita *www.facthound.com*
2. Elige tu grado escolar.
3. Introduce este código especial **0736877479** para ver sitios apropiados según tu edad, o usa una palabra relacionada con este libro para hacer una búsqueda general.
4. Haz clic en el botón **Fetch It.**

¡FactHound buscará los mejores sitios para ti!

Index

Índice